フードプロセッサーだから失敗しない！
ふわかるパウンドケーキ

アッサンブラージュ・カキモト
垣本晃宏

文化出版局

混ぜて、焼くだけ

「パウンドケーキ」は、焼き菓子の中で広く親しまれているバターの風味豊かなケーキです。だけど、作ってみると生地がパサついて、ずっしり重い。そして、見た目が地味。どこか満足ができない残念な結果になりがちなのは、粉と卵で味を出し、口溶けよく、ふくらませるのが、意外と難しいからです。

ふんわり、しっとり、口溶けがよい生地ができたら、「パウンドケーキ」は格段においしくなります。それもフードプロセッサーで作ると、手順がシンプルで簡単。そして、時短で作れます。

バター＆グラニュー糖、卵、粉の順に入れて、その都度回し、バターの風味をしっかり混ぜ込んだら、あとはオーブンで焼くだけ。フードプロセッサー任せなので失敗がありません。

さらに具材やトッピングを替えると、味のバリエーションがどんどん生まれます。おやつにも、食事にも、おつまみにもなり、味わいはさまざま。楽しみ方は無限です。

アッサンブラージュ・カキモト
垣本晃宏

CONTENTS

- 混ぜて、焼くだけ…2
- 生地作りに使うのは、フードプロセッサー…8
- 基本は4つの材料…9
- おいしい生地作りのコツ…10
- 型のこと、焼くときのポイント…12
- これさえあれば！の道具…13
- アンビバージュとナパージュ…53
- おかずパウンドは、トッピングでおいしさ格上げ！…69

甘いパウンドケーキ

基本のパウンドケーキ
バター＋メープルシロップ…14

基本のパウンドケーキ
メープルシロップ+
こしあん…18

オレンジ+レモン+
バニラ…22

オレンジ+ミント…23

レモン+ジンジャー…26

パイナップル+アニス…27

巨峰+バルサミコ酢…30

みかん…31

バナナ+レモン+
スパイス…34

スパイス+
ドライフルーツ…34

ラムレーズン+りんご+
シナモン…38

ラムレーズン+黒糖…39

チョコレート+
アーモンド+
ウイスキー…42

チョコレート+
オレンジ…43

チョコレート+スパイス+
コーヒー…48

コーヒー+ウイスキー+
マカデミアナッツ…49

CONTENTS

おかずパウンド

桜えび+ブロッコリー…56

ベーコン+トマト+チーズ…57

アンチョビー+キャベツ…60

鶏レバーパテ…60

なす+ベーコン…62

バジル+ベーコン+ペンネ…63

コンビーフ+コーン…70

コーヒー+うなぎ+
コーン…71

クアトロフォルマッジ…74

ピスタチオ+ブルーチーズ+
ベーコン…75

カレーライス…78

キーマカレー…79

〈この本の決まり〉

・大さじ1は15ml、小さじ1は5ml。
・材料はパウンドケーキの型2本分(サイズは12ページ参照)です。
・オーブンは170℃に温めておきます。
・焼き上がり時間はオーブンの種類によって多少の違いがあります。

生地作りに使うのは、
フードプロセッサー
だからふわっと軽やかな
食感のパウンドケーキに仕上がります。

*本書では、フードプロセッサーは
パナソニックのMK-K32(写真)を使用しています。

そのわけは…
フードプロセッサーは材料を練るのではなく、切るように混ぜるので、ふくらみを悪くする小麦粉のグルテンの形成を抑えることができるからです。

フードプロセッサーを使うメリットはほかにもあります。
材料はほぼオールインワンで、材料を切る手間も省けて短時間で生地作りができます。使う道具が少ないから洗い物が少なくてすむのもうれしいところ。

ここだけ注意!
フードプロセッサーはすぐに混ざるので、数回に分けて2〜3秒ずつ回し、混ざり具合を見ながら調整してください。

基本は4つの材料

パウンドケーキは卵、バター、粉、砂糖の4つの材料で作るバターケーキです。
この本では、卵は1個正味約60gで、卵黄が約20g、卵白が約40gを目安にし、バターは食塩不使用、
粉は薄力粉、砂糖はグラニュー糖を使っています。
さらにこれに少し違った食感や風味を出すために、オリーブ油や生クリーム、
ベーキングパウダーやアーモンドプードル、メープルシロップや黒糖などを加えています。
シンプルだからこそアレンジが自在。バリエーションが生まれ、パウンドケーキの世界がぐんと広がります。

卵
（1個正味60g、
卵黄20g、卵白40g）

バター
（食塩不使用）

薄力粉

グラニュー糖

おいしい生地作りのコツ

調理前の計量は正確に

材料ごとに計量して、プラスチックカップやボウルに小分けにしておくこと。また、正確な計量も大事。特にベーキングパウダーは1g単位で正確にはかってください。

材料の温度を揃える

合わせる材料の温度を揃える、これが成功の秘訣ともいえます。バター、卵は25〜30℃が適温で、それより低いとふわっとした食感にならないので、低い場合は電子レンジで2〜3秒加熱し、様子を見ながら温度を上げてください。

材料はあらかじめ合わせておきます

粉もの（薄力粉、アーモンドプードル、ベーキングパウダー、スパイスパウダー、塩など）、液体（卵、生クリーム、オリーブ油など）は、あらかじめ合わせておくと便利です。

粉ものはよくふるう

だまをつぶしてふるい、空気を含ませます。混ぜ合わせた数種類の粉類を均一にする役割もあります。

液体は一気に加えない

液体（卵、生クリーム、オリーブ油など）は2～3回に分けて加えましょう。

常にフードプロセッサーの内側に生地をまとめる

フードプロセッサーの容器の内側やふたに飛び散った生地は、工程ごとにゴムべらでふき取ってまとめ、均一に混ざるようにします。

生地はゴムべらで大きく底から混ぜます

ボウルに移した生地は、ゴムべらで底から大きく混ぜることで、混ぜ残しがなくなります。

型のこと

この本で使用するパウンドケーキの型は、外寸6×11.5×高さ5cm（底5×10cm）でステンレス製です。
レシピはこの型2本分の分量となっています。170℃のオーブンで焼成時間は25分間前後。
この分量で18cmの型1本で焼く場合は170℃で焼成時間は40分です。

使用したパウンドケーキ型

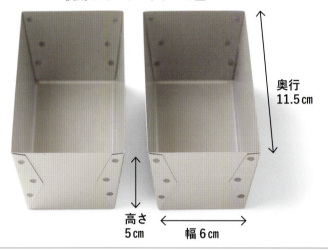

奥行 11.5cm
高さ 5cm　幅 6cm

一般的な18cmの型との比較

奥行18cmの型　　今回使用の型

焼くときのポイント

〈甘いパウンドケーキの場合〉
あらかじめ型の内側にバターを薄くぬっておきます。

〈おかずパウンドの場合〉
生地が型にくっつきやすいので内側にオーブンペーパーを敷くといいでしょう。型の底面と立ち上がりの大きな2面の大きさに合わせ、取り出しやすいように型から紙が出る長さをプラスしてカットした紙を敷き込みます。取り出すときは、生地や紙と型の間にナイフを入れ、紙を引っ張って取り出します。

これさえあれば! の道具

道具は、フードプロセッサーを使うので最小限ですみます。
専用の道具を使わなくても、
キッチンにある身近な道具を活用するのでかまいません。

はかり
お菓子作りは計量が大切なので、0.1g単位ではかれるものがよい。

ざる
粉をふるうのに使用。直径16cmくらいの柄つきのざるがおすすめ。

プラスチックカップ
ボウルより場所をとらない。液体や少量の材料をまとめておくのに便利。

グレーター（おろし金）
コンパクトで、グリップが握りやすいものがおすすめ。

刷毛
耐熱性が高く、弾力性のあるシリコン製が洗いやすく、衛生的。

茶こし
仕上げの粉糖をかけるときに使用。菓子専用ストレーナーでなくてもよい。

ゴムべら
生地をまとめやすいしなりのあるゴムやシリコン製がよい。

絞り出し袋
ポリエチレン製で使い捨てのものを生地の絞り出しに使用。

オーブンペーパー
ペーパーの上に粉をふるうとフードプロセッサーに入れやすい。

基本のパウンドケーキ
バター＋メープルシロップ

パウンドケーキはバターの豊かな風味と香り。しっとりとして口当たりのいい飽きない味の生地です。
このパウンドケーキにメープルシロップを入れて焼いたのが、基本のパウンドケーキです。
（作り方16ページ）

基本のパウンドケーキ
バター ＋メープルシロップ

【材料・2本分】

A
　バター（25℃前後に戻す）…80g
　グラニュー糖…38g
B（どちらも25℃前後に戻し、合わせてほぐす）
　卵…1 1/3個
　卵黄…1個分
メープルシロップ…大さじ4
C（合わせてふるう）
　薄力粉…80g
　アーモンドプードル…32g
　ベーキングパウダー…3g
　塩…3g
仕上げ用すましバター＊…適量
飾り用グラニュー糖…適量
＊バターを溶かしてそのままおき、分離した透明の上澄み部分。

【作り方】

1

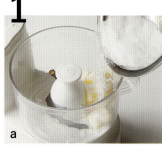

フードプロセッサーにAを入れ(a)、グラニュー糖がバターになじんで見えなくなるまで混ぜ合わせる(b)。

卵　　粉類　　グラニュー糖　　メープルシロップ　　バター

2

c

d

e

Bを2～3回に分けて加え(c)、その都度混ぜ合わせる。マヨネーズのようにとろりとなったらゴムべらでまとめ(d)、メープルシロップを加えて混ぜ合わせる(e)。

3

f

g

Cを加えて(f)混ぜ合わせ(g)、粉っぽさがなくなったらゴムべらでまとめる。長く混ぜ合わせると熱が出るので、数回に分けて混ぜるとよい。

4

h

i

j

k

ボウルに移し、ゴムべらで底から軽く混ぜる(h)。バター(分量外)をぬった型に入れ、型を持ち上げて卓上に落とし(i)、表面をならす(j)。170℃に温めたオーブンで約26分焼く(k)。

5

l

m

型から取り出し、熱いうちに表面にすましバターを刷毛でぬる(l)。冷めたら、グラニュー糖を全体にまぶす(m)。

アドバイス

・メープルシロップを入れるとしっとり、口当たりがよくなる。
・すましバターをぬるとバターの風味が増す。

基本のパウンドケーキにこしあんを加えても。

基本のパウンドケーキにあんこを入れて焼いたのが、
あんこのパウンドケーキです。日本茶にも合うほっこりとした味わいです。

基本のパウンドケーキ
メープルシロップ＋こしあん

【材料・2本分】

A
  バター（25℃前後に戻す）…80g
  グラニュー糖…38g
B（どちらも25℃前後に戻し、合わせてほぐす）
  卵…1 1/2個、卵黄…1個分
メープルシロップ…大さじ4
C（合わせてふるう）
  薄力粉…80g
  アーモンドプードル…32g
  ベーキングパウダー…3g
  塩…小さじ1
こしあん（市販品・2等分して
  9cm長さの棒状にする・a、b）…80g
すましバター（16ページ参照）…適量

【作り方】

1 フードプロセッサーにAを入れ、グラニュー糖がバターになじんで見えなくなるまで混ぜ合わせる。

2 Bを2〜3回に分けて加え、その都度混ぜ合わせる。マヨネーズのようにとろりとなったらゴムべらでまとめ、メープルシロップを加えて混ぜ合わせる。

3 Cを加えて混ぜ合わせ、粉っぽさがなくなったら生地をゴムべらでまとめる。熱が出るので長く回さない。

4 ボウルに移し、ゴムべらで底から混ぜ合わせる。バター（分量外）をぬった型に入れ、型を持ち上げて卓上に落とし、表面をならす。上にあんをのせ(c)、指でそっと押さえる(d)。170℃に温めたオーブンで約26分焼く。

5 型から取り出し、熱いうちに表面にすましバターを刷毛でぬる。

アドバイス
・あんは焼成中に沈むので、生地に入れるとき、押しすぎないようにする。

a

b

c

d

果物やチョコレート、
ナッツなどが入った
甘いパウンドケーキ

オレンジ+レモン+バニラ

オレンジとレモンをたっぷり使った甘酸っぱいケーキ。
バニラの甘い香りが漂います。
（作り方24ページ）

オレンジ＋ミント

オレンジシュガーのじゃりっとした食感が決め手。
爽やかなミントで食べ飽きない味に。
（作り方25ページ）

オレンジ＋レモン＋バニラ

【材料・2本分】
A
　バター（25℃前後に戻す）…70g
　グラニュー糖…70g
　バニラビーンズ（種を使用。さやは
　　バニラシロップに使う）…¼本
卵（25℃前後に戻し、ほぐす）…½個
B（合わせる）
　オレンジペースト＊…70g
　レモンの皮、果汁…各½個分
　オレンジの皮、果汁…各¼個分
　リモンチェッロ…大さじ1
C（合わせてふるう）
　薄力粉…70g
　アーモンドプードル…70g
　ベーキングパウダー…3g
　塩…少々
・アンビバージュ（53ページ参照）
　リモンチェッロ、バニラシロップ＊＊…各小さじ3
・ナパージュ（53ページ参照）
・飾り用オレンジピール、粉糖…各適量

【下準備】
＊オレンジペーストを作る。
①オレンジ1個を半分に切って果汁をしぼり、残った皮をまるごと冷凍する(a)。
②鍋に冷凍した皮と水をひたひたに入れ、火にかける。沸騰したら弱火で30分ゆでこぼし、ざるに上げて粗熱を取る。
③粗熱が取れたらざく切りにし、フードプロセッサーに入れ、回す。
④①の果汁を加え(b)、回す。皮が少し残るくらいが目安(c)。

＊＊バニラシロップを作る。
①鍋に水50mlとバニラビーンズのさや¼本を入れて一晩おく。
②グラニュー糖25g（分量外）を加えて(d)火にかけ、煮溶かし、冷ます。

【作り方】
1 フードプロセッサーにAを入れ、グラニュー糖がバターになじんで見えなくなるまで混ぜ合わせる。

2 卵を2～3回に分けて加え、その都度混ぜ合わせる。マヨネーズのようにとろりとなったらゴムべらでまとめる。

3 Bを加えて混ぜ合わせ(e)、ゴムべらでまとめる。

4 Cを加えて混ぜ合わせ、粉っぽさがなくなったらゴムべらでまとめる。バター（分量外）をぬった型に入れ、型を持ち上げて卓上に落とし、表面をならす。170℃に温めたオーブンで約24分焼く。

5 型から取り出し、熱いうちに表面にアンビバージュを刷毛でぬる。冷めたら表面にナパージュを刷毛でぬり、粉糖をつけたオレンジピールを飾る。

アドバイス
・オレンジは冷凍すると繊維がつぶれて果肉も皮もやわらかくなり、つぶしやすくなる。
・バニラシロップは前夜から仕込んで香りを移すようにする。

a

b

c

d

e

オレンジ＋ミント

【材料・2本分】

A
- バター（25℃前後に戻す）…70g
- グラニュー糖…70g
- ミント…3g

B（合わせる）
- 卵（25℃前後に戻し、ほぐす）…½個
- 生クリーム…小さじ2

C（合わせる）
- オレンジペースト（24ページ参照）…90g
- 白ワインビネガー…小さじ2
- コアントロー…小さじ2
- オレンジの皮、果汁…各¼個分

D（合わせてふるう）
- 薄力粉…90g
- アーモンドプードル…60g
- ベーキングパウダー…3g
- 塩…少々

アンビバージュ（53ページ参照）
- コアントロー…小さじ2
- ミントシロップ＊…小さじ3

飾り用オレンジシュガー＊＊…適量

【下準備】

＊ミントシロップを作る。

鍋に水150ml、ミント10g、ライムの皮⅕個分を入れて火にかけ、沸いたら弱火で2分煮出し、ボウルに移してラップフィルムをかけて香りを引き出し、一晩おく。鍋に移してグラニュー糖75gを加えて火にかけ、煮溶かしてざるでこし、冷ます。

＊＊オレンジシュガーを作る。

ボウルにグラニュー糖30g（分量外）を入れてオレンジの皮½個分（分量外）をすりおろし、混ぜ合わせる。そのまま5時間おいて乾燥させる。

・オレンジペーストを作る。

【作り方】

1 フードプロセッサーにAを入れ（a）、グラニュー糖がバターになじんで見えなくなるまで混ぜ合わせる（b）。

2 Bを2～3回に分けて加え、その都度混ぜ合わせる。マヨネーズのようにとろりとなったらゴムべらでまとめる。

3 Cを加えて混ぜ合わせ（c）、ゴムべらでまとめる。

4 Dを加えて混ぜ合わせ、粉っぽさがなくなったらゴムべらでまとめる。

5 バター（分量外）をぬった型に入れ、型を持ち上げて卓上に落とし、表面をならす。170℃に温めたオーブンで約24分焼く。

6 型から取り出し、熱いうちに表面にアンビバージュを刷毛でぬる（d）。冷めたら表面にオレンジシュガーを軽く押さえるようにしてつける（e）。

> アドバイス
>
> ・オレンジシュガーの甘さで生地とのコントラストが生まれる。

a

b

c

d

e

レモン＋ジンジャー

すりおろした皮をたっぷり入れた
レモンシュガーが味と食感のアクセントに。
（作り方28ページ）

パイナップル＋アニス

ソテーしたパイナップルで生地がしっとり。
爽やかでほのかな甘さとアニスの香りが印象的。
（作り方29ページ）

レモン＋ジンジャー

【材料・2本分】
A
├ バター（25℃前後に戻す）…70g
├ グラニュー糖…70g
B（合わせる）
├ 卵（25℃前後に戻し、ほぐす）…1/2個
├ 生クリーム…大さじ1
C（合わせる）
├ レモンの皮…1個分
├ レモン果汁…大さじ1
├ しょうがのしぼり汁…小さじ1
├ リモンチェッロ…大さじ1
D（合わせてふるう）
├ 薄力粉…85g
├ アーモンドプードル…50g
├ ベーキングパウダー…3g
├ ジンジャーパウダー…2g
├ 塩…少々
アンビバージュ（53ページ参照）
├ レモン果汁…小さじ1
├ リモンチェッロ、シロップ
│ 　（53ページ参照）…各小さじ2
├ しょうがのしぼり汁…小さじ1
ナパージュ（53ページ参照）…適量
飾り用レモンシュガー
├ レモンの皮（すりおろす）…1個分
├ グラニュー糖…30g

【下準備】
・レモンシュガーの材料を混ぜ合わせて、室温に5時間おいて乾燥させる(a)。

【作り方】
1 フードプロセッサーにAを入れ、グラニュー糖がバターになじんで見えなくなるまで混ぜ合わせる。

2 Bを2〜3回に分けて加え、その都度混ぜ合わせる。マヨネーズのようにとろりとなったらゴムべらでまとめる。

3 Cを加えて混ぜ合わせ、ゴムべらでまとめる。

4 Dを加えて混ぜ合わせ、粉っぽさがなくなったらゴムべらでまとめる。バター（分量外）をぬった型に生地を入れ、型を持ち上げて卓上に落とし、表面をならす。170℃に温めたオーブンで約24分焼く。

5 型から取り出し、熱いうちに表面にアンビバージュを刷毛でぬる。冷めたら表面にナパージュを刷毛でぬり、レモンシュガーをのせる。

アドバイス
・レモンシュガーはオーブンの上にのせて乾燥させると水分が飛びやすい。

a

パイナップル +アニス

【材料・2本分】

A
- バター(25℃前後に戻す)…68g
- グラニュー糖…68g

卵(25℃前後に戻し、ほぐす)…1/2個

パイナップルソテー＊
- パイナップル(1cm角に切る)…80g
- グラニュー糖…25g
- アニスパウダー…1.6g
- バター…5g

白バルサミコ酢…小さじ1

B(合わせてふるう)
- 薄力粉…85g
- アーモンドプードル…40g
- ベーキングパウダー…3g
- シナモン…少々
- 塩…少々

アンビバージュ(53ページ参照)
- キルシュ、シロップ(53ページ参照)
  …各小さじ3

飾り用セミドライパイナップル
  (2×1cmに切る)…適量

飾り用粉糖…適量

アドバイス
・パイナップルソテーは、煮詰めるようにして水分を飛ばす。

【下準備】

＊パイナップルソテーを作る。

①ボウルにグラニュー糖とアニスパウダーを合わせ(a)、パイナップルを加えて混ぜ合わせる(b)。

②フライパンにバターと①を入れて中火でソテーし(c)、火が通ったらバットに取り出し、広げて冷ます。

【作り方】

1 フードプロセッサーにAを入れ、グラニュー糖がバターになじんで見えなくなるまで混ぜ合わせる。

2 卵を2〜3回に分けて加え、その都度混ぜ合わせる。マヨネーズのようにとろりとなったらゴムべらでまとめる。

3 パイナップルソテーと白バルサミコ酢を加えて混ぜ合わせ、ゴムべらでまとめる。

4 Bを加えて混ぜ合わせ、粉っぽさがなくなったらゴムべらでまとめる。バター(分量外)をぬった型に入れ、型を持ち上げて卓上に落とし、表面をならす。170℃に温めたオーブンで約24分焼く。

5 型から取り出し、熱いうちに表面にアンビバージュを刷毛でぬり、セミドライパイナップルを飾る。冷めたら粉糖を茶こしに入れ、ふりかける。

a

b

c

巨峰+バルサミコ

生地の中で巨峰とバターが一つになって、
上質なレーズンバターのような味わい。
(作り方32ページ)

みかん

生地も飾りもアンビバージュも、すべてみかん。
皮も果汁も使いきります。
（作り方33ページ）

巨峰 ＋バルサミコ酢

【材料・2本分】
A
┃ 巨峰（皮つき）…90g
┃ バルサミコ酢…大さじ1
┃ グラニュー糖…70g
バター（25℃前後に戻す）…70g
B（合わせる）
┃ 卵（25℃前後に戻し、ほぐす）…½個
┃ 生クリーム…小さじ2
C（合わせてふるう）
┃ 薄力粉…120g
┃ アーモンドプードル…80g
┃ ベーキングパウダー…3g
巨峰…適量
アンビバージュ（53ページ参照）
┃ キルシュ…小さじ2
┃ バルサミコ酢…小さじ1
┃ シロップ（53ページ参照）…小さじ3
ナパージュ（53ページ参照）…適量

【作り方】

1 フードプロセッサーにAを入れ(a)、巨峰とグラニュー糖がなじむまで混ぜ合わせる。

2 バターを加えて(b)混ぜ合わせ、1となじんだらゴムべらでまとめる。

3 Bを2〜3回に分けて加え、その都度混ぜ合わせる。マヨネーズのようにとろりとなったらゴムべらでまとめる。

4 Cを加えて混ぜ合わせ、粉っぽさがなくなったらゴムべらでまとめる。バター（分量外）をぬった型に入れ、型を持ち上げて卓上に落とし、表面をならす。四等分に切った巨峰をのせ(c)、170℃に温めたオーブンで約24分焼く(d)。

5 型から取り出し、熱いうちに表面にアンビバージュを刷毛でぬる。冷めたら表面にナパージュを刷毛でぬる。

> **アドバイス**
> ・ぶどうは水分の少ない巨峰を使う。
> ・ぶどうの水分が多い場合は、皮ごと半分に切ってバターでソテーして水分を飛ばし、3の後に加えてもよい。

a

b

c

d

みかん

【材料・2本分】
A
　みかん（へたを取って皮ごと
　　　横半分に切る）…1個（正味90g）
　グラニュー糖…70g
B
　みかんの果汁、みかんの皮…各1個分
　バター（25℃前後に戻す）…70g
C（合わせる）
　卵（25℃前後に戻し、ほぐす）…1個
　生クリーム…大さじ1
D（合わせてふるう）
　薄力粉…85g
　アーモンドプードル…50g
　ベーキングパウダー…3g
　塩…少々
アンビバージュ（53ページ参照）
　みかん果汁…小さじ3
　シロップ（53ページ参照）…小さじ3
粉糖…適量
飾り用みかん（厚さ5mmの輪切りにし、
　　　半分に切る）…8枚

【下準備】
・Aのみかんは、アルミホイルを敷いたオーブントースターで、切った面を上にして約8分焼き、冷ます。

【作り方】
1　フードプロセッサーにAを入れ、混ぜ合わせる。

2　Bを加え（a、b）、グラニュー糖やみかんがバターになじんで見えなくなるまで混ぜ合わせる。

3　Cを2〜3回に分けて加え（c）、その都度混ぜ合わせる。マヨネーズのようにとろりとなったらゴムべらでまとめる。

4　Dを加えて混ぜ合わせ、粉っぽさがなくなったらゴムべらでまとめる。バター（分量外）をぬった型に入れ、型を持ち上げて卓上に落とし、表面をならす。170℃に温めたオーブンで約24分焼く。

5　型から取り出し、熱いうちに表面にアンビバージュを刷毛でぬる。冷めたら粉糖を茶こしでふり、飾り用みかんをのせる。

アドバイス
・みかんは焼いて水分を飛ばす。8等分に切ってバターでソテーしてもいい。
・みかんは果肉だけでは味が出にくいので皮も入れる。

a

b

c

バナナ+レモン+スパイス(左) スパイス+ドライフルーツ(右)

バナナ+レモン+スパイスはしっとり感のあるなめらかな生地、
スパイス+ドライフルーツはドライフルーツの滋味深さが魅力。
どちらもミックススパイスのエキゾチックな香りが漂います。
(作り方36、37ページ)

バナナ+レモン+スパイス　　　　　　スパイス+ドライフルーツ

バナナ ＋レモン ＋スパイス

【材料・2本分】

A
| バナナ(皮をむいて1cm角に切る)…60g
| グラニュー糖…6g
| ミックススパイス(シナモンパウダー5に
| 対してブラックペッパー、アニスパウダー、
| クローブパウダー、塩を各1の割合で
| 合わせる)…少々

B
| バター(25℃前後に戻す)…70g
| グラニュー糖…35g
| 黒糖…35g

C(合わせる)
| レモンの皮、果汁…各1/4個分
| バナナ(皮をむいて1cm角に切る)…75g
| バナナリキュール…大さじ1

D(合わせる)
| 卵(25℃前後に戻し、ほぐす)…1/2個
| 生クリーム…大さじ1

E(合わせてふるう)
| 薄力粉…85g
| ベーキングパウダー…2.8g
| ミックススパイス(A参照)…5g

アンビバージュ(53ページ参照)
| バナナリキュール、
| シロップ(53ページ参照)…各小さじ2

飾り用シナモン、八角、カルダモン、
  バナナチップス…各適量

【作り方】

1 ボウルにAを入れて混ぜ合わせ、500Wの電子レンジで2分温める。出てきた水分でスパイスをなじませ、冷ます。

2 フードプロセッサーにBを入れ(a)、グラニュー糖がバターになじんで見えなくなるまで混ぜ合わせる(b)。

3 Cを加えて(c)混ぜ合わせ、ゴムべらでまとめる。

4 Dを2〜3回に分けて加え、その都度混ぜ合わせる(d)。マヨネーズのようにとろりとなったらゴムべらでまとめる。

5 Eを加えて混ぜ合わせ、粉っぽさがなくなったらゴムべらでまとめる。

6 1に5を入れ(e)、ゴムべらで底から混ぜ合わせる。バターをぬった型に入れ、型を持ち上げて卓上に落とし、表面をならす。170℃に温めたオーブンで約24分焼く。

7 型から取り出し、熱いうちに表面にアンビバージュを刷毛でぬり、スパイスやバナナチップスを飾る。

アドバイス
・Aのバナナは、果肉をつぶさないようにさっくり混ぜ合わせる。

a

b

c

d

e

スパイス＋ドライフルーツ

【材料・2本分】

A
　バター（25℃前後に戻す）…70g
　グラニュー糖…60g
B（合わせる）
　卵（25℃前後に戻し、ほぐす）…1/2個
　生クリーム…大さじ3
C（合わせてふるう）
　薄力粉…70g
　アーモンドプードル…45g
　ベーキングパウダー…3g
　ミックススパイス（シナモンパウダー5g、
　　アニスパウダー、クローブパウダー、
　　塩、粗びき黒こしょう各1gを合わせる）…9g
D（合わせる）
　ミックスセミドライフルーツ（いちじく、
　　マンゴー、オレンジコンフィ、
　　パイナップル、アプリコット各10g
　　をすべて5mm角に切る・a）…50g
　キルシュ…小さじ2
　シロップ（53ページ参照）…小さじ2
アンビバージュ（53ページ参照）
　キルシュ、シロップ（53ページ参照）…各小さじ2
ナパージュ（53ページ参照）…適量
飾り用セミドライフルーツ（オレンジ、
　マンゴー、いちじく、レーズン）…適量
飾り用ナッツ（アーモンド、ピスタチオ）…適量

【作り方】

1　フードプロセッサーにAを入れ、グラニュー糖がバターになじんで見えなくなるまで混ぜ合わせる。

2　Bを2～3回に分けて加え、その都度混ぜ合わせる。マヨネーズのようにとろりとなったらゴムべらでまとめる。

3　Cを加えて混ぜ合わせ、粉っぽさがなくなったらゴムべらでまとめる。

4　ボウルに移し、Dを加え、ゴムべらで底から返すように混ぜる（b）。バター（分量外）をぬった型に入れ、型を持ち上げて卓上に落とし、表面をならす。170℃に温めたオーブンで約24分焼く。

5　型から取り出し、熱いうちに表面にアンビバージュを刷毛でぬる。冷めたら表面にナパージュを刷毛でぬり、セミドライフルーツとナッツを飾る。

> **アドバイス**
> ・ミックススパイスはシナモンとアニスの2種類でもよい。
> ・生地用のセミドライフルーツは大きさを揃えて切る。

a

b

ラムレーズン+りんご+シナモン

バターとシナモンでソテーした風味豊かなりんごがごろごろ！
（作り方40ページ）

ラムレーズン＋黒糖

黒糖のコクとラムの香りがじんわり。
まろやかな味わいのフルーツケーキです。
（作り方41ページ）

ラムレーズン ＋りんご ＋シナモン

【材料・2本分】

A
- ラムレーズン（市販品）…50g
- バター（25℃前後に戻す）…80g
- グラニュー糖…70g

B（合わせる）
- 卵（25℃前後に戻し、ほぐす）…½個
- 生クリーム…大さじ2½
- ラム酒…小さじ1

C（合わせてふるう）
- 薄力粉…85g
- アーモンドプードル…60g
- ベーキングパウダー…3g
- 塩…少々

りんごソテー＊
- りんご（皮つき・5mm幅のいちょう切り）…80g
- グラニュー糖…15g
- シナモンパウダー…2g
- バター…3g

アンビバージュ（53ページ参照）
- ラム酒、シロップ（53ページ参照）…各大さじ1

シナモンシュガー（グラニュー糖とシナモンパウダーを10：1で合わせる）…適量

アドバイス
・りんごは酸味のある紅玉がおすすめ。
・4で生地にりんごソテーを合わせて、りんごの食感を残す。

【下準備】

＊りんごソテーを作る

① ボウルにグラニュー糖とシナモンパウダーを合わせ、りんごを加えて混ぜ合わせる。

② フライパンにバターと①を入れて中火でソテーし(a)、火が通って煮詰まったらバットに取り出し、広げて冷ます。

【作り方】

1 フードプロセッサーにAを入れ(b)、グラニュー糖がバターになじんで見えなくなるまで混ぜ合わせる(c)。

2 Bを2～3回に分けて加え、その都度混ぜ合わせる。マヨネーズのようにとろりとなったらゴムべらでまとめる。

3 Cを加えて混ぜ合わせ、粉っぽさがなくなったらゴムべらでまとめる。

4 ボウルに移し、りんごソテーを加え(d)、ゴムべらで底から混ぜ合わせる(e)。バター（分量外）をぬった型に流し入れ、型を持ち上げて卓上に落とし、表面をならす。170℃に温めたオーブンで約24分焼く。型から取り出し、熱いうちに表面にアンビバージュを刷毛でぬる。冷めたらシナモンシュガーをふりかける。

ラムレーズン＋黒糖

【材料・2本分】

A
- ラムレーズン（市販品）…50g
- バター（25℃前後に戻す）…80g
- グラニュー糖…20g
- 黒糖…50g

B（合わせる）
- 卵（25℃前後に戻し、ほぐす）…1/2個
- 生クリーム…大さじ2

C（合わせてふるう）
- 薄力粉…90g
- アーモンドプードル…60g
- ベーキングパウダー…3g
- シナモンパウダー…1.5g
- 塩…少々

D（合わせる）
- ラムレーズン（市販品）…40g
- セミドライマンゴー、セミドライパイナップル（ともに1cm角に切る）…各25g
- シナモンパウダー…1.5g

E
- ラムレーズン、セミドライマンゴー、セミドライパイナップル…各適量

アンビバージュ（53ページ参照）
- ラム酒、シロップ（53ページ参照）…各小さじ1

ナパージュ（53ページ参照）…適量

【作り方】

1 フードプロセッサーにAを入れ(a)、グラニュー糖がバターになじんで見えなくなるまで混ぜ合わせる。

2 Bを2～3回に分けて加え、その都度混ぜ合わせる。マヨネーズのようにとろりとなったらゴムべらでまとめる。

3 Cを加えて混ぜ合わせ、粉っぽさがなくなったらゴムべらでまとめる。

4 ボウルに移し、Dを加え(b)、ゴムべらで底から返すように混ぜる。バター（分量外）をぬった型に流し入れ、型を持ち上げて卓上に落とし、表面をならす。Eをのせ、170℃に温めたオーブンで約24分焼く(c)。

5 型から取り出し、熱いうちに表面にアンビバージュを刷毛でぬる。冷めたら表面にナパージュを刷毛でぬる。

アドバイス

・黒糖を入れるとラムの香りが引き立つ。

a

b

c

チョコレート+アーモンド+ウイスキー

濃厚なチョコレート生地と、香ばしいアーモンドのウイスキー生地をマーブル状に仕上げて。
（作り方44ページ）

チョコレート+オレンジ

チョコレートとオレンジの相性のいい2種類の生地には、
隠し味にビネガーとグラン・マルニエを。
(作り方46ページ)

チョコレート＋アーモンド＋ウイスキー

【材料・2本分】

●チョコレート生地

A
| 生クリーム…大さじ2
| 水あめ…9g

B
| ミルクチョコレート…20g
| ダークチョコレート…20g

C
| グラニュー糖…25g
| 脱脂粉乳…4g

バター（25℃前後に戻す）
卵（25℃前後に戻し、ほぐす）…2個

D（合わせてふるう）
| 薄力粉…27g
| アーモンドプードル…12g
| ココアパウダー…4g
| ベーキングパウダー…1.3g

ミルクチョコレート…25g

●アーモンドウイスキー生地

E
| バター（25℃前後に戻す）…31g
| グラニュー糖…31g

F（合わせる）
| 卵（25℃前後に戻し、ほぐす）…18g
| 生クリーム…大さじ1

アーモンドリキュール…12ml

G（合わせてふるう）
| 薄力粉…36g
| アーモンドプードル…31g
| ベーキングパウダー…1.3g
| 塩…少々

アーモンド…22g
飾り用アーモンド…適量
アンビバージュ（53ページ参照）
| ウイスキー…大さじ1
| シロップ（53ページ参照）…小さじ2

【下準備】
・生地用のアーモンドを150℃のオーブンで8〜10分ローストして冷まし、包丁で粗く刻む。

【作り方】

●チョコレート生地

1 ボウルにAを入れて60℃の湯せんにかけ、約40℃に温める。フードプロセッサーに入れて混ぜ合わせる（a）。

2 別のボウルにBを入れて60℃の湯せんにかけ、約40℃に温める。1に加えて（b）混ぜ合わせる（c）。

3 Cを加えて混ぜ合わせ、もったりしたらゴムべらでさっと混ぜる。

4 バターを加えて混ぜ合わせ（d）、ゴムべらでまとめる。

5 卵を2〜3回に分けて加え（e）、その都度混ぜ合わせる。マヨネーズのようにとろりとなったらゴムべらでまとめる。

6 Dを加えて混ぜ合わせる。粉っぽさがなくなったらゴムべらでまとめる。

7 ボウルに移し、ミルクチョコレートを加え、ゴムべらで底から混ぜ合わせる（f）。

アドバイス

・チョコレート生地のチョコレートと生クリームは湯せんにかけてよく溶き混ぜる。電子レンジで数回に分けて数秒ずつ温めてもよい。
・アーモンドは食感を残したいので粒を残すように刻む。

a

b

c

d

e

f

●**アーモンドウイスキー生地**

8 洗ったフードプロセッサーにEを入れ、グラニュー糖がバターになじんで見えなくなるまで混ぜ合わせる。

9 Fを2〜3回に分けて加え、その都度混ぜ合わせる。マヨネーズのようにとろりとなったらゴムべらでまとめる。

10 アーモンドリキュールを加えて(g)混ぜ合わせる。

11 Gを加えて混ぜ合わせ、粉っぽさがなくなったらゴムべらでまとめる。

12 ボウルに移し、アーモンドを加え(h)、ゴムべらで底から返すように混ぜ合わせる(i)。

13 7と12をそれぞれ先端を直径15mm口にカットした絞り出し袋に入れ(j)、バター(分量外)をぬった型に交互に絞る(k、l)。型を持ち上げて卓上に落とし、表面をならす。縦に半分にカットした飾り用アーモンドをのせ(m)、170℃に温めたオーブンで約24分焼く。

14 焼き上がったら型から取り出し、熱いうちに表面にアンビバージュを刷毛でぬる。

g

h

i

j

k

l

m

チョコレート+オレンジ

【材料・2本分】

●チョコレート生地

A
| 生クリーム…大さじ2
| 水あめ…10g

B
| ミルクチョコレート…21g
| ダークチョコレート…21g

C
| グラニュー糖…37g
| 脱脂粉乳…4g

バター（25℃前後に戻す）…10g
卵（25℃前後に戻し、ほぐす）…1/2個

D（合わせてふるう）
| 薄力粉…30g
| アーモンドプードル…14g
| ココアパウダー…5g
| ベーキングパウダー…2g

●オレンジ生地

E
| バター（25℃前後に戻す）…32g
| グラニュー糖…32g

F（合わせる）
| 卵（25℃前後に戻し、ほぐす）…1/4個
| 生クリーム…小さじ1

G（合わせる）
| オレンジペースト（24ページ参照）…40g
| 白ワインビネガー…小さじ1
| グラン・マルニエ…小さじ1
| オレンジの皮と果汁…各1/4個分

H（合わせてふるう）
| 薄力粉…40g
| アーモンドプードル…35g
| ベーキングパウダー…2g
| 塩…少々

アンビバージュ（53ページ参照）
| グラン・マルニエ…13ml
| シロップ（53ページ参照）…13ml

【作り方】

●チョコレート生地

1 ボウルにAを入れて60℃の湯せんにかけ、約40℃に温める。フードプロセッサーに入れて（a）混ぜ合わせる。

2 別のボウルにBを入れて60℃の湯せんにかけ、約40℃に温める。1に加えて（b）混ぜ合わせる（c）。

3 Cを加えて混ぜ合わせ、もったりしたらゴムべらでさっと混ぜる。

4 バターを加えて（d）混ぜ合わせ、ゴムべらでまとめる。

5 卵を2～3回に分けて加え（e）、その都度混ぜ合わせる。マヨネーズのようにとろりとなったらゴムべらでまとめる。

6 Dを加えて（f）混ぜ合わせる。粉っぽさがなくなったらゴムべらでまとめ、ボウルに移す。

a

b

c

d

e

f

●オレンジ生地

7　洗ったフードプロセッサーにEを入れ、グラニュー糖がバターになじんで見えなくなるまで混ぜ合わせる。

8　Fを2〜3回に分けて加え、その都度混ぜ合わせる。マヨネーズのようにとろりとなったらゴムべらでまとめる。

9　Gを加えて混ぜ合わせ、ゴムべらでまとめる。

10　Hを加えて混ぜ合わせ、粉っぽさがなくなったらゴムべらでまとめる。

11　6と10をそれぞれ先端を直径15mm口にカットした絞り出し袋に入れ、バター（分量外）をぬった型に交互に絞る（45ページ写真j.k.l参照）。型を持ち上げて卓上に落とし、表面をならす。170℃に温めたオーブンで約24分焼く。

12　焼き上がったら型から取り出し、熱いうちに表面にアンビバージュを刷毛でぬる。

アドバイス

・チョコレート生地のチョコレートと生クリームは湯せんにかけてよく溶き混ぜる。電子レンジで数回に分けて数秒ずつ温めてもよい。

チョコレート+スパイス+コーヒー

スパイスをきかせたチョコレート生地と、
コーヒーが香る生地が絶妙に調和。
（作り方50ページ）

コーヒー+ウイスキー+マカデミアナッツ

ポイントはローストしたマカデミアナッツのコクとサクサクとした食感。(作り方52ページ)

チョコレート + スパイス + コーヒー

【材料・2本分】

●チョコレートスパイス生地

A
| 生クリーム…大さじ2
| 水あめ…8g

B
| ミルクチョコレート…17g
| ダークチョコレート…17g

C
| グラニュー糖…37g
| 脱脂粉乳…3g

バター(25℃前後に戻す)…8g

卵(25℃前後に戻し、ほぐす)…½個

D(合わせてふるう)
| 薄力粉…25g
| アーモンドプードル…11g
| ココアパウダー…4g
| ベーキングパウダー…1g
| ミックススパイス(シナモンパウダー5に
| 　対してアニスパウダー、クローブパウダー、
| 　粗びき黒こしょう、塩を各1の割合で
| 　合わせる)…3g

ミルクチョコレート…25g

●コーヒー生地

E
| バター(25℃前後に戻す)…35g
| グラニュー糖…30g

F(合わせる)
| 卵(25℃前後に戻し、ほぐす)…½個
| 生クリーム…大さじ2

G(合わせてふるう)
| 薄力粉…35g
| アーモンドプードル…20g
| ベーキングパウダー…1g
| インスタントコーヒー…2g
| 塩…少々

マカデミアナッツ…15g

アンビバージュ(53ページ参照)
| インスタントコーヒー(粉末)…13g
| シロップ(53ページ参照)…大さじ1

飾り用チョコレート…適量

【下準備】

・マカデミアナッツを150℃のオーブン
で5～6分ローストして冷まし、包丁で
半分に切る。

【作り方】

●チョコレートスパイス生地

1 ボウルにAを入れて60℃の湯せんにかけ、約40℃に温める。フードプロセッサーに入れて混ぜ合わせる。

2 別のボウルにBを入れて60℃の湯せんにかけ、約40℃に温める。1に加えて混ぜ合わせる。

3 Cを加えて混ぜ合わせ、もったりしたらゴムべらでさっと混ぜる。

4 バターを加えて混ぜ合わせ、ゴムべらでまとめる。

5 卵を2～3回に分けて加え、その都度混ぜ合わせる。マヨネーズのようにとろりとなったらゴムべらでまとめる。

6 Dを加えて混ぜ合わせる。粉っぽさがなくなったゴムべらでまとめる。

7 ボウルに移し、ミルクチョコレートを加え(a)、ゴムべらで底から混ぜ合わせる。

●コーヒー生地

8 洗ったフードプロセッサーにEを入れ、グラニュー糖がバターになじんで見えなくなるまで混ぜ合わせる。

9 Fを2～3回に分けて加え、その都度混ぜ合わせる。マヨネーズのようにとろりとなったらゴムべらでまとめる。

10 Gを加えて混ぜ合わせ、粉っぽさがなくなったらゴムべらでまとめる。

11 ボウルに移し、マカデミアナッツを加え(b)、ゴムべらで底から混ぜ合わせる。

12 7と11をそれぞれ先端を直径15mm口にカットした絞り出し袋に入れ(c)、バター(分量外)をぬった型に絞る(d、e)。型を持ち上げて卓上に落とし、表面をならす。170℃に温めたオーブンで約24分焼く。焼き上がったら型から取り出し、熱いうちに表面にアンビバージュを刷毛でぬる。冷めたら飾り用チョコレートを削ってふりかける。

> **アドバイス**
> ・チョコレートスパイス生地のチョコレートと生クリームは湯せんにかけてよく溶き混ぜる。電子レンジで数回に分けて数秒ずつ温めてもよい。

a

b

c

d

e

コーヒー ＋ウイスキー ＋マカデミアナッツ

【材料・2本分】

A
- バター（25℃前後に戻す）…80g
- グラニュー糖…70g

B（合わせる）
- 卵（25℃前後に戻し、ほぐす）…1/2個
- 生クリーム…大さじ1

ウイスキー…45ml

C（合わせてふるう）
- 薄力粉…85g
- アーモンドプードル…50g
- ベーキングパウダー…3g
- インスタントコーヒー…10g
- 塩…少々

マカデミアナッツ…50g

アンビバージュ（53ページ参照）
- ウイスキー、インスタントコーヒー、シロップ（53ページ参照）…各小さじ2

飾り用アーモンド…適量

【下準備】

・マカデミアナッツを150℃のオーブンで5〜6分ローストして冷まし、包丁で粗く刻む。

【作り方】

1 フードプロセッサーにAを入れ、グラニュー糖がバターになじんで見えなくなるまで混ぜ合わせる。

2 Bを2〜3回に分けて加え、その都度混ぜ合わせる。マヨネーズのようにとろりとなったらゴムべらでまとめる。

3 ウイスキーを加えて混ぜ合わせる(a)。

4 Cを加えて混ぜ合わせ、粉っぽさがなくなったらゴムべらでまとめる。

5 ボウルに移し、マカデミアナッツを入れ(b)、ゴムべらで底から返すように混ぜ合わせる(c)。バター（分量外）をぬった型に入れ、型を持ち上げて卓上に落とし、表面をならす。170℃に温めたオーブンで約24分焼く。

6 型から取り出し、熱いうちに表面にアンビバージュを刷毛でぬる。冷めたら飾り用アーモンドをグレーターなどでおろしてふりかける。

アドバイス

・マカデミアナッツは食感を残したいので粒を残すように刻む。

a

b

c

甘いパウンドケーキは、
アンビバージュとナパージュで完成度を上げます。

最後に風味やつやを加えることで、まるでお店のケーキのような味と美しい見た目になります。
各パウンドケーキのレシピにある場合は、ぜひお試しください。

風味をつける、アンビバージュ
（風味づけシロップ）

※詳しい材料や分量は各レシピ参照。

【作り方】
鍋にリキュールや果汁と、シロップ＊を入れて火にかけ、冷ます。焼いたパウンドケーキが熱いうちに、表面に刷毛でしみ込ませるようにぬる。

＊シロップの作り方
同量の水とグラニュー糖を鍋か電子レンジで煮溶かし、完全に溶けたら冷ます。

つやを出す、ナパージュ
（つや出しシロップ）

【作り方・作りやすい分量】
鍋にナパージュ（写真／上がけ用ゼリー）200gと水50mlを入れて火にかけ、煮溶かす。ゴムべらで混ぜながら完全に溶けたら火を止め、冷ます。焼いたパウンドケーキが冷めたら、刷毛で表面にぬる。

野菜やチーズ、ベーコン、
パテ、カレーなどが入った
おかずパウンド

桜えび+ブロッコリー

ブロッコリーと桜えびを一緒にソテー。
桜えびから出るだしで生地のうまみもアップ。
(作り方58ページ)

ベーコン＋トマト＋チーズ

イタリアンの最強組み合わせ。
焼きトマトの濃厚な甘酸っぱさが生きてます。
（作り方59ページ）

桜えび ＋ブロッコリー

【材料・2本分】

A
- バター(25℃前後に戻す)…40g
- グラニュー糖…17g

B（合わせる）
- 卵(25℃前後に戻し、ほぐす)…2/3個
- 生クリーム…大さじ3
- オリーブ油…大さじ2

C（合わせてふるう）
- 薄力粉…80g
- 粉チーズ…15g
- ベーキングパウダー…4g
- 塩…少々

D（合わせる）
- ゆでじゃがいも(65ページ参照)…30g
- 玉ねぎソテー(65ページ参照)…20g
- 桜えび…10g

ブロッコリーソテー＊
- ブロッコリー…150g
- 桜えび…3g
- オリーブ油…小さじ1
- にんにく(みじん切り)…1/4かけ分

仕上げ用オリーブ油…適量

アドバイス
・ソテーせずにゆでたブロッコリーをAに入れ、生地に混ぜ合わせてもよい。

【下準備】
＊ブロッコリーソテーを作る。
① ブロッコリーは食べやすい大きさに切り、さっとゆで、そのうち50gと桜えび少々は飾り用に取りおく。
② フライパンに桜えびとオリーブ油、にんにくを入れて弱火にかけ(a)、香りが立ったらブロッコリーを加えてソテーし(b)、冷ましておく。

【作り方】

1 フードプロセッサーにAを入れ、グラニュー糖がバターになじんで見えなくなるまで混ぜ合わせる。

2 Bを2～3回に分けて加え、その都度混ぜ合わせ、ゴムべらでまとめる。

3 Cを加えて混ぜ合わせ、粉っぽさがなくなったらゴムべらでまとめる。

4 ボウルに移し、Dを加え(c)、ゴムべらで底から返すように混ぜ合わせる(d)。オーブンペーパーを敷き込んだ型に入れ(12ページ参照)、型を持ち上げて卓上に落とし、表面をならす。ブロッコリーソテーをのせ(e)、170℃に温めたオーブンで約24分焼く。

5 型から取り出し(12ページ参照)、熱いうちに表面にオリーブ油を刷毛でぬる。冷めたら取りおいたブロッコリーと桜えびを飾る。

a

b

c

d

e

ベーコン ＋トマト ＋チーズ

【材料・2本分】

A
- バター（25℃前後に戻す）…37g
- グラニュー糖…16g
- にんにく（皮をむく）…1/4かけ

B（合わせる）
- 卵（25℃前後に戻し、ほぐす）…1/2個
- オリーブ油…大さじ2

ミニトマト＊…60g

C（合わせてふるう）
- 薄力粉…75g
- ベーキングパウダー…4g

D（合わせる）
- ゆでじゃがいも（65ページ参照）…30g
- 玉ねぎソテー（65ページ参照）…20g
- ベーコンソテー＊＊…50g

E（合わせる）
- 粉チーズ…20g
- グリュイエールチーズ（おろす）…30g
- 塩、粗びき黒こしょう…各小さじ1/3

トッピング用枝つきミニトマト…10個
仕上げ用オリーブ油…適量
飾り用ミニトマト（黄色）…適量

アドバイス
・生地用のミニトマトは焼いて水分を飛ばす。

【下準備】
＊ミニトマトを焼く。
ミニトマトは横半分に切り、オーブントースターにアルミホイルを敷いた上に、切り口を上にして約8分焼き、冷ます。

＊＊ベーコンソテーを作る。
ベーコンは1.5cm幅に切り、フライパンで1～2分中火で炒め、冷ましておく。

【作り方】

1 フードプロセッサーにAを入れ、グラニュー糖がバターになじんで見えなくなるまで混ぜ合わせる。

2 Bを2～3回に分けて加え(a)、その都度混ぜ合わせ、ゴムべらでまとめる。

3 焼いたミニトマトを加え、混ぜ合わせる。

4 Cを加えて混ぜ合わせ、粉っぽさがなくなったらゴムべらでまとめる。

5 ボウルに移し、DとEを加え(b)、ゴムべらで底から返すように混ぜ合わせる(c)。オーブンペーパーを敷き込んだ型に入れ（12ページ参照）、型を持ち上げて卓上に落とし、表面をならす。枝つきミニトマトをのせ(d)、170℃に温めたオーブンで約24分焼く。

6 型から取り出し（12ページ参照）、熱いうちに表面にオリーブ油を刷毛でぬる(e)。冷めたらカットした飾り用ミニトマト（黄色）を飾る。

a

b

c

d

e

アンチョビー+キャベツ(左)　鶏レバーパテ(右)

アンチョビー+キャベツはイタリアンの定番パスタが発想源で、失敗のない味と組み合わせ。
鶏のレバーで作るパテは、まるでフォアグラ！生地にもトッピングにもたっぷり使って。
(作り方64〜66ページ)

なす＋ベーコン

こんがりと焼いたなすを皮ごと生地に入れることで、
風味とうまみが際立つ生地に。
（作り方67ページ）

バジル+ベーコン+ペンネ

たっぷりバジルのジェノベーゼ風生地には、
ベーコンやじゃがいもが入ってキッシュ・ロレーヌのような味わい。
(作り方68ページ)

鶏レバーパテ

【材料・2本分】
鶏レバーパテ＊(作りやすい分量)…400g
　鶏レバー(または豚や牛のレバー)…200g
　にんにく(みじん切り)…½かけ分
　玉ねぎ(みじん切り)…60g
　白ワイン…大さじ1⅓
　バター(25℃前後に戻す)…100g
　塩…小さじ1
　粗びき黒こしょう…少々
　オリーブ油…適量
A
　にんにく(皮をむく)…¼かけ
　グラニュー糖…17g
B (合わせる)
　卵(25℃前後に戻し、ほぐす)…1個
　生クリーム…大さじ2
オリーブ油…小さじ2
C (合わせてふるう)
　薄力粉…80g
　粉チーズ…20g
　ベーキングパウダー…4g
D (合わせる)
　ゆでじゃがいも＊＊…80g
　玉ねぎソテー＊＊＊…80g
仕上げ用オリーブ油…適量
飾り用鶏レバーパテ(5㎜幅に切り、6切れに塩、
　6切れに粗びき黒こしょうをふりかける)…12切れ

【下準備】
＊鶏レバーパテを作る。
①鶏レバーは臭みを取るため氷水につけ(a)、冷蔵庫に1時間おいて、血抜きをする。
②フライパンにオリーブ油とにんにくを入れて弱火にかける。香りが立ったらにんにくを取り出し、玉ねぎを炒め、塩小さじ½、粗びき黒こしょうをふる。しんなりとしたらレバーを加え(b)、色が変わるまでしっかり焼く。取り出したにんにくと白ワインを加え(c)、汁気がなくなるまで煮詰める。バットに移して冷ます(d)。
③フードプロセッサーに②とバター、塩小さじ½、粗びき黒こしょうを入れて混ぜ合わせる。
④生地用に100g取りおく。残りは先端を直径15㎜口に切った絞り出し袋に入れ、広げたラップフィルムの上に9㎝長さに3本絞り出す。ラップフィルムで1本ずつ包んで冷蔵庫におき、使う直前に取り出す。

a

b

c

d

**ゆでじゃがいもを作る。
じゃがいも1個は皮をむいて1.5cm角に切る。鍋に入れ、かぶるくらいの水を加え、火にかける。竹串が通るくらいやわらかくなったら、湯をきり、冷ます。

***玉ねぎソテーを作る。
玉ねぎ1個は皮をむいて1.5cm角に切る。フライパンにオリーブ油少々(分量外)を入れて中火にかけ、しんなりするまで炒め、冷ます。でき上がり約100g。

【作り方】

1 フードプロセッサーに生地用に取りおいた鶏レバーパテとAを入れ(e)、グラニュー糖がパテになじんで見えなくなるまで2〜3秒回す。

2 Bを2〜3回に分けて加え、その都度混ぜ合わせ、ゴムべらでまとめる。オリーブ油を加えて混ぜ合わせる。

3 Cを加えて(f)混ぜ合わせ、粉っぽさがなくなったらゴムべらでまとめる。

4 ボウルに移し、Dを加え(g)、ゴムべらで底から混ぜ合わせる。オーブンペーパーを敷き込んだ型に入れ(12ページ参照)、型を持ち上げて卓上に落とし、表面をならす。170℃に温めたオーブンで約20分焼く。型から取り出し(12ページ参照)、熱いうちに表面にオリーブ油を刷毛でぬる。冷めたら飾り用鶏レバーパテ12切れ(h)をのせる。

▶ アドバイス
・鶏レバーパテは冷蔵で1週間、冷凍で2か月保存可能。

e

f

g

h

アンチョビー ＋キャベツ

【材料・2本分】
A
　バター(25℃前後に戻す)…40g
　アンチョビー…20g
　グラニュー糖…15g
　にんにく(皮をむく)…½かけ
B(合わせる)
　卵(25℃前後に戻し、ほぐす)…⅔個
　オリーブ油…大さじ2
　生クリーム…大さじ2
C(合わせてふるう)
　薄力粉…80g
　ベーキングパウダー…5g
　粉チーズ…20g
　粗びき黒こしょう…2g
D(合わせる)
　ゆでじゃがいも(65ページ参照)…30g
　玉ねぎソテー(65ページ参照)…20g
キャベツソテー＊…40g
トッピング用キャベツ(3cm幅に切る)…40g
仕上げ用オリーブ油…適量
飾り用マイクロ大葉、ディル…各適量

【下準備】
＊キャベツソテーを作る。
キャベツは3cm四方に切る。フライパンにオリーブ油少々(分量外)を入れて中火にかけ、軽く塩(分量外)をふり、しんなりするまで炒め、冷ます(a)。

【作り方】
1 フードプロセッサーにAを入れ(b)、グラニュー糖がバターになじんで見えなくなるまで混ぜ合わせる。

2 Bを2〜3回に分けて加え(c)、その都度混ぜ合わせ、ゴムべらでまとめる。

3 Cを加えて混ぜ合わせ、粉っぽさがなくなったらゴムべらでまとめる。

4 ボウルに移し、Dとキャベツソテーを加え(d)、ゴムべらで底から返すように混ぜ合わせる。オーブンペーパーを敷き込んだ型に入れ(12ページ参照)、型を持ち上げて卓上に落とし、表面をならす。トッピング用のキャベツを巻いて表面に差し込み表面に(e)、170℃に温めたオーブンで約24分焼く。

5 型から取り出し(12ページ参照)、熱いうちに表面にオリーブ油を刷毛でぬる。冷めたらディルと大葉を飾る。

a

b

c

d

e

なす+ベーコン

【材料・2本分】

A
- バター(25℃前後に戻す)…40g
- グラニュー糖…17g
- 焼きなす*…1本(60g)

B(合わせる)
- 卵(25℃前後に戻し、ほぐす)…2/3個
- オリーブ油…大さじ2
- 生クリーム…大さじ1
- しょうゆ…少々

C(合わせてふるう)
- 薄力粉…80g
- ベーキングパウダー…4g
- 粉チーズ…35g
- 塩…少々
- 粗びき黒こしょう…少々

D(合わせる)
- ゆでじゃがいも(65ページ参照)…20g
- 玉ねぎソテー(65ページ参照)…25g
- ベーコンソテー(59ページ参照)…55g

トッピング用小なす(縦半分に切る)…3本
仕上げ用オリーブ油…適量

【下準備】

*焼きなすを作る。
なすは焼き網で丸ごと焼き(a)、皮つきのまま冷まし(b)、ヘタを切り落とす。

【作り方】

1 フードプロセッサーにAを入れ(c)、グラニュー糖がバターになじんで見えなくなるまで混ぜ合わせる。

2 Bを2〜3回に分けて加え、その都度混ぜ合わせ、ゴムべらでまとめる。

3 Cを加えて混ぜ合わせ、粉っぽさがなくなったらゴムべらでまとめる。

4 ボウルに移し、Dを加え(d)、ゴムべらで底から返すように混ぜ合わせる。オーブンペーパーを敷き込んだ型に入れ(12ページ参照)、型を持ち上げて卓上に落とし、表面をならす。小なすをのせ、170℃に温めたオーブンで約24分焼く。

5 型から取り出し(12ページ参照)、熱いうちに表面にオリーブ油を刷毛でぬる(e)。

> **アドバイス**
> ・生地用のなすはしっかり焼く。味やロースト感が出るので皮も使う。

バジル ＋ベーコン ＋ペンネ

【材料・2本分】

A
- バター(25℃前後に戻す)…34g
- グラニュー糖…14g
- バジル…13g
- にんにく…1かけ

B（合わせる）
- 卵(25℃前後に戻し、ほぐす)…½個
- オリーブ油…大さじ2
- 生クリーム…大さじ3

C（合わせてふるう）
- 薄力粉…70g
- ベーキングパウダー…5g
- 粉チーズ…25g
- 粗びき黒こしょう…適量

D（合わせる）
- ゆでじゃがいも(65ページ参照)…40g
- 玉ねぎソテー(65ページ参照)…20g
- ベーコンソテー(59ページ参照)…50g

ペンネ*…50g
トッピング用ベーコン(1.5cm角に切る)…適量
仕上げ用オリーブ油…適量
飾り用バジル…適量

【下準備】
*ペンネは表示時間よりやや長めにゆで、冷まして塩（分量外）をふっておく。

【作り方】

1 フードプロセッサーにAを入れ(a)、グラニュー糖がバターになじんで見えなくなるまで混ぜ合わせる。

2 Bを2〜3回に分けて加え、その都度混ぜ合わせ、ゴムべらでまとめる。

3 Cを加えて混ぜ合わせ、粉っぽさがなくなったらゴムべらでまとめる。

4 ボウルに移し、Dとペンネを加え、ゴムべらで底から返すように混ぜ合わせる(b)。オーブンペーパーを敷き込んだ型に入れ(12ページ参照)、型を持ち上げて卓上に落とし、表面をならす。ベーコンをのせ(c)、170℃に温めたオーブンで約24分焼く。

5 型から取り出し(12ページ参照)、熱いうちに表面にオリーブ油を刷毛でぬり、飾り用のバジルをのせる。

アドバイス
・生地にバジルをたっぷり使うとおいしい。

a

b

c

おかずパウンドは、トッピングでおいしさ格上げ！

素材のうまみがじんわりとしみたパウンド生地は、そのままでもおいしいですが、
上に具材などをのせると華やかさが増し、味わいもぐんと格上げされます。
切り方や並べ方ひとつで立体感と彩り、味のアクセントが生まれ、ごちそう感がアップ。
焼きたてを切らずにそのままお皿にのせればおもてなしの一品にもなり、歓声が上がること間違いなし！

コンビーフ＋コーン

どことなく懐かしいコンビーフととうもろこしの組み合わせは、
大人も子どもも大好きな味。
（作り方72ページ）

コーヒー+うなぎ+コーン

不思議な組み合わせなのに、驚きのおいしさ。
コーヒーがすっきりといい後味に。
(作り方73ページ)

コンビーフ ＋コーン

【材料・2本分】

A
- バター（25℃前後に戻す）…35g
- グラニュー糖…15g

B（合わせる）
- 卵（25℃前後に戻し、ほぐす）…½個
- 生クリーム…大さじ3
- オリーブ油…大さじ1

コンビーフ…60g

C（合わせてふるう）
- 薄力粉…70g
- ベーキングパウダー…4g
- 粉チーズ…20g
- 塩…小さじ⅓
- 粗びき黒こしょう…適量

D（合わせる）
- ゆでじゃがいも（65ページ参照）…35g
- 玉ねぎソテー（65ページ参照）…20g
- コーン（缶詰・水気をきる）…50g

トッピング用コーン（缶詰・水気をきる）、
とうもろこしのひげ（あれば）…各適量
仕上げ用オリーブ油…適量

【作り方】

1 フードプロセッサーにAを入れ、グラニュー糖がバターになじんで見えなくなるまで混ぜ合わせる。

2 Bを2〜3回に分けて加え、その都度混ぜ合わせ、ゴムべらでまとめる。

3 コンビーフを加え、混ぜ合わせる。

4 Cを加えて混ぜ合わせ、粉っぽさがなくなったらゴムべらでまとめる。

5 ボウルに移し、Dを加え（a）、ゴムべらで底から返すように混ぜ合わせる。オーブンペーパーを敷き込んだ型に入れ（12ページ参照）、型を持ち上げて卓上に落とし、表面をならす。コーンと、とうもろこしのひげをのせ（b）、170℃に温めたオーブンで約24分焼く。

6 型から取り出し（12ページ参照）、熱いうちに表面にオリーブ油を刷毛でぬる。

アドバイス
・コーンはしっかり水気をきる。

a

b

コーヒー ＋うなぎ ＋コーン

【材料・2本分】

A
- バター(25℃前後に戻す)…80g
- グラニュー糖…30g

B(合わせる)
- 卵(25℃前後に戻し、ほぐす)…1/2個
- 生クリーム…大さじ3
- しょうゆ…小さじ1

C(合わせてふるう)
- 薄力粉…85g
- アーモンドプードル…50g
- ベーキングパウダー…3g
- インスタントコーヒー…4g
- 塩…少々

D(合わせる)
- コーン(缶詰・水気をきる)…100g
- 玉ねぎソテー(65ページ参照)…20g

うなぎのかば焼き(2cm四方に切る)…80g
仕上げ用オリーブ油…適量
粉山椒…適量

【作り方】

1 フードプロセッサーにAを入れ、グラニュー糖がバターになじんで見えなくなるまで混ぜ合わせる。

2 Bを2〜3回に分けて加え、その都度混ぜ合わせ、ゴムべらでまとめる。

3 Cを加えて混ぜ合わせ、粉っぽさがなくなったら(a)ゴムべらでまとめる。

4 ボウルに移し、Dと塩少々(分量外)をふりかけたうなぎのかば焼きを加え(b)、ゴムべらで底から返すように混ぜ合わせる(c)。

5 オーブンペーパーを敷き込んだ型に入れ(12ページ参照)、型を持ち上げて卓上に落とし、表面をならす。170℃に温めたオーブンで約24分焼く。

6 型から取り出し(12ページ参照)、熱いうちに表面にオリーブ油を刷毛でぬる。冷めたら粉山椒をふりかける。

アドバイス
・コーンはしっかり水気をきる。
・うなぎのかば焼きは塩をふるとうまみが増す。

a

b

c

クアトロ
フォルマッジ

4種類のチーズで一口ごとに味が変化。
上にのせたじゃがいもは
フライドポテトのような食感に。
（作り方76ページ）

ピスタチオ+
ブルーチーズ+ベーコン

ブルーチーズのパンチのきいた塩気を
ピスタチオとじゃがいもがほどよいバランスで調節。
(作り方77ページ)

クアトロフォルマッジ

【材料・2本分】

A
- バター（25℃前後に戻す）…40g
- グラニュー糖…17g

B（合わせる）
- 卵（25℃前後に戻し、ほぐす）…1/3個
- 生クリーム…大さじ3
- オリーブ油…大さじ2

C（合わせてふるう）
- 薄力粉…80g
- ベーキングパウダー…4g
- 粉チーズ…15g
- 粗びき黒こしょう…適量
- 塩…少々

D（合わせる）
- モッツァレラチーズ（1cm角に切る）…30g
- グリュイエールチーズ（おろす）…30g
- ブルーチーズ（1cm角に切る）…30g
- ゆでじゃがいも（65ページ参照）…40g
- 玉ねぎソテー（65ページ参照）…35g

トッピング用じゃがいも（1cm角の棒状に切ってゆでる）、グリュイエールチーズ（おろす）…各適量
仕上げ用オリーブ油…適量

【作り方】

1 フードプロセッサーにAを入れ、グラニュー糖がバターになじんで見えなくなるまで混ぜ合わせる。

2 Bを2～3回に分けて加え、その都度混ぜ合わせ、ゴムべらでまとめる。

3 Cを加えて混ぜ合わせ、粉っぽさがなくなったらゴムべらでまとめる。

4 ボウルに移し、Dを加え（a）、ゴムべらで底から返すように混ぜ合わせる（b）。オーブンペーパーを敷き込んだ型に入れ（12ページ参照）、型を持ち上げて卓上に落とし、表面をならす。グリュイエールチーズを散らし（c）、ゆでたじゃがいもをのせ（d）、170℃に温めたオーブンで約24分焼く。

5 型から取り出し（12ページ参照）、熱いうちに表面にオリーブ油を刷毛でぬる。

アドバイス
・ブルーチーズを増やすとチーズの風味と塩気が増す。

a

b

c

d

ピスタチオ ＋ブルーチーズ ＋ベーコン

【材料・2本分】

A
- バター(25℃前後に戻す)…36g
- グラニュー糖…15g
- ピスタチオ＊…27g

B（合わせる）
- 卵(25℃前後に戻し、ほぐす)…1/2個
- 生クリーム…大さじ3
- オリーブ油…大さじ1

C（合わせてふるう）
- 薄力粉…70g
- ベーキングパウダー…5g
- 粉チーズ…70g
- 粗びき黒こしょう…小さじ1
- 塩…少々

D（合わせる）
- ブルーチーズ(1cm角に切る)…35g
- ゆでじゃがいも(65ページ参照)…30g
- 玉ねぎソテー(65ページ参照)…20g
- ベーコンソテー(59ページ参照)…45g

トッピング用ブルーチーズ、ピスタチオ…各適量
仕上げ用オリーブ油…適量

【下準備】

＊生地用のピスタチオを150℃のオーブンで8～10分ローストして冷まし、包丁で粗く刻む。

【作り方】

1 フードプロセッサーにAを入れ(a)、グラニュー糖がバターになじんで見えなくなるまで混ぜ合わせる。

2 Bを2～3回に分けて加え、その都度混ぜ合わせ、ゴムべらでまとめる。

3 Cを加えて混ぜ合わせ、粉っぽさがなくなったらゴムべらでまとめる。

4 ボウルに移し、Dを加え(b)、ゴムべらで底から返すように混ぜ合わせる(c)。

5 オーブンペーパーを敷き込んだ型に入れ(12ページ参照)、型を持ち上げて卓上に落とし、表面をならす。ブルーチーズとピスタチオをのせ(d)、170℃に温めたオーブンで約24分焼く。

6 型から取り出し(12ページ参照)、熱いうちに表面にオリーブ油を刷毛でぬる。

アドバイス
・ピスタチオは食感を生かしたいので粒を残すように刻む。

a

b

c

d

カレーライス

バターの香りとカレーが一つになり、
ご飯まで入った、しっとりリッチな味わい。
（作り方80ページ）

キーマカレー

焼きたてカレーの香ばしさが最高!
チーズ&スパイスが抜群に合う。あつあつをどうぞ。
(作り方82ページ)

カレーライス

【材料・2本分】

A
- バター(25℃前後に戻す)…40g
- グラニュー糖…17g

B（合わせる）
- 卵(25℃前後に戻して、ほぐす)…1/2個
- 生クリーム…大さじ3
- オリーブ油…30ml

C（合わせてふるう）
- 薄力粉…80ml
- ベーキングパウダー…4g
- 粉チーズ…15g
- 塩…少々

カレーライス*
- じゃがいも(1cm角に切る)…40g
- 玉ねぎ、にんじん(ともに1cm角に切る)…各30g
- セロリ、パプリカ(ともに1cm角に切る)…各15g
- D
  - にんにく(みじん切り)…2g
  - しょうが(みじん切り)…3g
  - バター…10g
  - オリーブ油…小さじ2
- カレールー…1 1/2かけ(市販品・30g)
- 生クリーム…大さじ2
- 冷やご飯…100g

トッピング用野菜(ペコリス、オクラ、ズッキーニ、ミニトマト、マッシュルーム)…適量

仕上げ用オリーブ油…適量

【下準備】

*カレーライスを作る。

①フライパンにDを入れて中火にかけ、香りが立ったら玉ねぎを加える。玉ねぎが透明になり始めたら残りの野菜を入れ、炒める(a)。

②火が通ったらカレールーをちぎりながら入れ(b)、生クリームを加え、炒める。全体が煮詰まったら火を止める(c)。

③ボウルに移し、ご飯を入れ、ゴムべらでよく混ぜ合わせる(d)。バットに移して冷ます。

【作り方】

1 フードプロセッサーにAを入れ、グラニュー糖がバターになじんで見えなくなるまで混ぜ合わせる。

2 Bを2～3回に分けて加え、その都度混ぜ合わせ、ゴムべらでまとめる。

3 Cを加えて(e)混ぜ合わせ、粉っぽさがなくなったらゴムべらでまとめる。

4 ボウルに移し、カレーライスを加え(f)、生地になじむまでゴムべらでしっかり混ぜ合わせる(g)。オーブンペーパーを敷き込んだ型に入れ(12ページ参照)、型を持ち上げて卓上に落とし、表面をならす。カットしたトッピング用の野菜をのせ(h)、170℃に温めたオーブンで約22分焼く。

5 型から取り出し(12ページ参照)、熱いうちに表面にオリーブ油を刷毛でぬり、好みでローリエを飾る。塩（分量外）をふって食べる。

アドバイス

・残ったカレーで作ってもよい。
・好みでカレーにクミンパウダーやコリアンダーパウダーを加えてもよい。

e

f

g

h

キーマカレー

【材料・2本分】

A
| バター(25℃前後に戻す)…40g
| グラニュー糖…17g

B(合わせる)
| 卵(25℃前後に戻し、ほぐす)…2/3個
| 生クリーム…大さじ3
| オリーブ油…大さじ2

C(合わせてふるう)
| 薄力粉…80g
| ベーキングパウダー…4g
| 塩…1g
| 粉チーズ…15g
| 粗びき黒こしょう…2g

D(合わせる)
| ゆでじゃがいも(65ページ参照)…30g
| 玉ねぎソテー(65ページ参照)…30g

キーマカレー*
| E | バター…10g、
| | にんにく、しょうが(ともにみじん切り)…各2g
| 玉ねぎ(みじん切り)…20g
| ひき肉…25g
| にんじん(みじん切り)…15g
| トマト(みじん切り)…40g
| カレールー…1かけ(市販品・20g)
| 塩、粗びき黒こしょう…各少々

グリュイエールチーズ(おろす)…適量
仕上げ用オリーブ油
飾り用ピンクペッパー、とうがらし(小)…各適量

【下準備】

*キーマカレーを作る

①フライパンに Eを入れて弱火にかけ、香りが立ってきたら玉ねぎを加え、塩、こしょうをする。玉ねぎが透き通ったら、ひき肉、にんじんを入れ(a)、さらに炒める。

②肉に火が通ったら、トマトを入れ(b)、カレールーをすりおろして(c)ゴムべらで混ぜ合わせる。5分ほど炒めたら火を止め(d)、バットに移し、冷ます。

a

b

c

d

【作り方】

1 フードプロセッサーにAを入れ、グラニュー糖がバターになじんで見えなくなるまで混ぜ合わせる。

2 Bを2～3回に分けて加え、その都度混ぜ合わせ、ゴムべらでまとめる。

3 Cを加えて混ぜ合わせ、粉っぽさがなくなったらゴムべらでまとめる。

4 ボウルに移し、Dを加え、ゴムべらで底から返すように混ぜ合わせる(e)。オーブンペーパーを敷き込んだ型に入れ(12ページ参照)、型を持ち上げて卓上に落とし、表面をならす。キーマカレーをのせて(f)グリュイエールチーズを散らし(g)、170℃に温めたオーブンで約24分焼く。

5 型から取り出し(12ページ参照)、熱いうちに表面にオリーブ油を刷毛でぬり、ピンクペッパーととうがらしを飾る。

アドバイス

・好みで仕上げにクミンパウダーやコリアンダーパウダーをふりかけてもよい。

83

デザイン　川崎洋子
撮影　伊藤 信
取材・文　西村晶子
校閲　田中美穂
編集　鈴木百合子（文化出版局）

垣本晃宏　kakimoto akihiro

1970年、京都府宇治市生まれ。辻製菓専門学校卒業後、「京都ロイヤルホテル」、「神戸菓子sパトリー」のスーシェフ、「アトリエアルション」のシェフパティシエなどを経て、「サロンドロワイヤル京都」のシェフショコラティエを務める。数々の受賞歴を持ち、「ワールド チョコレート マスターズ」の日本代表として出場し、2013年、'18年と世界第4位に輝く。'16年「アッサンブラージュ カキモト」、'19年にはデザートやプティフールを提供する「アッサンブラージュ ハナレ」、'23年には焼き菓子とジェラートの店「アッサンブラージュ・プリュス」を京都市・御所南にオープン。現在は、多くの大手メーカーや有名飲食店のアドバイザーも務める。
http://www.assemblages.jp/
Instagram　@assemblageskakimoto

フードプロセッサーだから失敗しない！
ふわかるパウンドケーキ

2024年12月28日　第1刷発行

著者　垣本晃宏
発行者　清木孝悦
発行所　学校法人文化学園　文化出版局
　　　　〒151-8524
　　　　東京都渋谷区代々木3-22-1
　　　　電話 03-3299-2479（編集）
　　　　　　 03-3299-2540（営業）

印刷・製本所　株式会社文化カラー印刷

©Akihiro Kakimoto 2024 Printed in Japan
本書の写真、カット及び内容の無断転載を禁じます。

本書のコピー、スキャン、デジタル化等の無断複製は著作権法上での例外を除き、禁じられています。

本書を代行業者等の第三者に依頼してスキャンやデジタル化することは、たとえ個人や家庭内での利用でも著作権違反になります。

文化出版局のホームページ　https://books.bunka.ac.jp